DISCOVRS

AV ROY,

*Sçauoir s'il est expedient faire la guerre,
ou conseruer la paix en son
Royaume.*

Presenté à sa Majesté par M. Ia-
ques le Febure, sieur de la Grif-
faudrye, Aduocat en son
Parlement de Paris.

M. DC. XX.

DISCOVRS

AV ROY,

Sçauoir s'il est expedient faire la guerre,
ou conseruer la paix en son
Royaume.

SIRE,

S voſtre ſacree Majeſté plus diui-
ne qu'humaine, deſcendue du Ciel
par les ſacro ſainéts degrez des be-
nites entrailles de la tres-Auguſte
& Chaſte Royne mere, paroiſt aux
yeux de tout le monde ſi portee à ay-
mer & cherir tout ce qui eſt de diuin
& de celeſte, comme la Pieté, la Iuſtice & la Clemence, les trois Deeſ-

A ij

ſes filles du Ciel, & meres nourrices
de la felicité ſpirituelle & temporel-
le de ceſt hemiſphere, que i'eſpere
qu'elle inclinera d'autât plus volon-
tiers ſa royale veuë ſur le diſcours
que ma Muſe, plus veritable que digne, luy faict, Qu'il eſt plus expediér
de maintenir la paix que le grand
Dieu tout puiſſant nous a par vous
eſtablie en voſtre Royaume, benit
ſur tous autres, que de la broüiller
par des tourbillons orageux du vent
de Bellonne, furieuſe, foudroyante
& deſaſtreuſe, & mere de diuiſion, &
par conſequent de deſolation, d'autant plus pernicieuſe & dangereuſe,
Que la guerre n'a de ſoy rien de bon,
& n'a ny pere ny mere au Ciel ny en
la terre, ſinon le malin eſprit, pere du
vice & du peché, ennemy de l'ordre
trâquille & heureux, que Dieu a eſta-

5

bly au monde : Par consequent autant detestable & euitable, comme
l'Ordre que la paix aporte, & que la
paix mesme est aymable, & cherissable par tous les courages du monde,
qui sont plus vertueux, & par
consequent plus glorieux en la manutention & entretien de la paix
que de la guerre, qui n'est autre
qu'vn serpent rampant & volant
à la diuision, desolatió & destruction
des Estats, qui ne peuuent subsister,
s'ils ne sont appuyez de la Pieté, la Iustice, & la Clemence : car comme la
Pieté fleurit & fructifie dans la Tem-
perie, elle se flestrit & amortit par la
Guerre, mere de toute dissolution,
bannissante le S. Esprit & la grace de
Dieu du cœur des Gens d'armes, sans
laquelle, quelque victoire qui se puisse remporter sur l'ennemy, ne peut

estre appellée Victoire ny vertueuse,
ny honorable, ny heureuse, ny glo-
rieuse, estant plustost vne victoire
damnable qu'honorable: Damnable
dis-ie bien, Car bannissant par la
Guerre, la Paix hostesse saincte &
heureuse que Dieu a establie & lo-
gée parmy nous, pour y attirer & lo-
ger son contraire la Guerre, propha-
ne & malencontreuse, & pleine de
desastres spirituels & téporels, de tät
d'Ames perduës & damnées, tant des
tuans que des tuez, & de tant de pauures veufues & orphelins qui iuste-
ment crient vengeance à Dieu leur
Createur. N'est-ce pas en vn mot faire la Guerre à Dieu mesme, Pere, Autheur, Amateur & protecteur de la
Paix sa fille, tres cherie & cherissable,
& que luy mesme a donnee & laissee
à son peuple pour vn diuin gage &

ostage de ses benedictions, desquelles partant nous nous priuós & ren-
dons de nous mesmes indignes, en
suiuât l'enseigne du Diable, autheur
de Guerre & de toute malediction,
misere, calamité & damnation, &
abandonnement, & faisant le signe
de la Croix, vray estendard de Paix,
de gloire & de toutes benedictions,
& consolation de nos ames, qui se
portans par consequent à la Guerre,
semblent imiter vn malade forcené,
qui couroit plustost au hanap du poi
son mortifere qu'au bole de la casse
refrigerante, & rasserenante l'esto-
mach, pour y restablir la santé comparable à la Paix, qui entretient &
maintient le corps & l'esprit en vne
serene & tranquille disposition, capable de gouster & sauourer sous
le frais agreable de l'Oliuier le Ne-
ctar d'vne bonne & heureuse vie, Au

lieu de chercher ſous l'ombre des fu-
neſtres Cyprés l'abſynte d'vne lan-
goureuſe & fiebureuſe mortelle maladie comparable à la guerre, Autant
partant'abhominable, cóme la ſanté,
c'eſt à dire la paix, eſt ſouhaitable &
cheriſſable, & cóme la lumiere du So
leil eſt plus heureuſe que les tene-
bres de la nuict. Si que ſi nous deſi-
rons retenir la grace de Dieu & la
felicité, diuines compagnes de ceſte
vierge celeſte la Paix ; il faut y retenir la Pieté, ſans laquelle nous ne
pouuons eſperer d'aſſeurance en
la demeure du bien & bon heur ſpiri-
tuel & téporel parmy nous, non plus
que la vie au corps d'vn petit enfant
priué de la mammelle de ſa ſeule &
vraye nourrice. Car autremét de pé-
ſer que la Iuſtice demeure parmy
nous puiſſante pour la manutention

de la Paix: ce seroit contre l'Ordre de son Estat, qui a esté institué
par le Dieu de iustice en telle con-
dition que l'vne de ces trois vier-
ges sœurs ses filles ne pourroient
suruiure l'vne à l'autre, & ne pourroient auoir mouuemēt ny action,
ny effect sans l'entremise & en-
trelassement de toutes trois, non
plus que la vie ne peut demeurer
constante au cœur du corps humain, si les trois principales parties nobles, ne cooperent à vne
mesme fin de la santé, comme
les trois principalles parties du
corps politique des Royaumes
doiuent contribuer leurs mouue-
mens & agens à vne mesme nourriture & entretien de la Paix, qui
peut mesme estre dicte leur tres-

B

bonne nourrice estant la Pieté,
la Iustice, la Clemence, & la Paix,
comme des correlatifs qui ne peuuent estre, susibster ny durer l'vn
sans l'autre: en sorte mesmes qu'ó
ne sçauroit quasi distinguer, si
c'est plustost la paix qui depen-
de de la pieté, iustice & clemence,
qu'Elles dependent de l'Estat de
la paix constante non plus que
pour parler vniuersellement,
on ne sçauroit bien distinguer,
laquelle des parties Nobles du
corps humain est la nourriture de
l'autre, sinon qu'il faut conclure
que toutes contribuent naturel-
lement à l'entretien de leur vie na-
turelle & artificielle: Et partant ces
trois Deesses filles du Ciel sont dóc
tellement corelatiues que la Pieté

retenuë, la Iustice s'y doit retenir armee de sa balance, & de son
glaiue, & ayant seulemēt ses yeux
ouuerts pour lire dans le blāc de la
verité fidel Conseiller de ses
equitables effects; qui ne peuuent
estre sinon en pesant au iuste de la
balance, le droict des pretentions:
qui est l'examen que la pieté requiert necessairemēt & preallable
ment que de cōsentir à aucun trā-
chant de glaiue de la Iustice, ny
mouuemēt de Guerre. La Paix ne
deuāt estre troublee en ses Estats
sinon qu'il apparoisse qu'il y ayt
quelque desordre qui ne se puisse
reparer, sans qu'on la reduise comme en vn lict malade, pour luy faire aualler quelques medecines de
Guerre, pour la rendre d'autant

plus saine & forte: par apres: Comme quand quelque mauuaise humeur arriue au corps humain, le
menaçant d'vne fiebure, on faict
quelque Guerre dans l'estomac
par la prise de quelque medecine
salutaire pour purger le corps, &
le restablir en son pristin estat auquel il a esté creé & doit demeurer
& fust, demeuré, si quelque ex-
cez ou abus de la santé n'y eust
causé tel mauuais humeur. Mais,
comme auparauant que d'vser de
remedes internes, ou sanglans.
On doit deliberer auparauant si
telle humeur est capable d'esmou-
uoir la fieure en ce corps, & s'il ne
se peut pas resoudre par vn plus
doux moyen, ou du temperamét
du regime, ou d'vn exercice, ou

d'vn changement d'air, ou d'vne
abstinence de ce qui pourroit
auoir causé tel cacochime ennemy
de la santé du corps, plustost que
de violenter le corps par des sai-
gnees emputation de mébres, ou
autres medecines violentes qui ne
sçauroient estre si salutaires & re-
stauratiues de la premiere santé
qu'elles ne diminuent l'estat de la
sáté & de la vie, outre les douleurs
que telles medecines auroient
causé aux membres & superieurs
& inferieurs d'vn tel corps, & sans
mesmes les efforts faits à l'ame qui
le plus souuent est interessee par
l'impatience en la passion de telles
douleurs, qui occasionne quelque
fois vne plus dangereuse maladie
au corps qu'elle n'estoit auparauát

B iij

qu'on le medecinaſt de la façon:le
chagrin & meſcôtentemét de l'eſprit agité de telles douleurs,broüil
lant les facultez du corps, & par
conſequent rédant les medecines
non ſeulement inutiles,mais quel-
quesfois offeſiues & dangereuſes,
Ainſi eſt il tres neceſſaire&ſalutai-
re pour le corps de l'Eſtat,de peſer
exactemét à l'equi-poids de la ba-
lāce de iuſtice ce qui ſe propoſe de
contraire pour pretexte de guerre
s'il ſe trouuera tel qu'il ne ſe puiſ-
ſe regler que par les fouldres,ora-
ges & deſaſtres mal-heureux d'v-
ne guerre iuſte ou iniuſte : Ou
bié : par temperament de l'equi-
té, vray & ſalutaire remede de la
manutention de la paix , vraye vie
conſtante de tous bons Eſtats be-
nits comme celuy de la France,

aimé de Dieu qui vous en a faict
Roy, & doüé de pieté & iustice pour
la manutention de sa fille bien-ay-
mee la Paix : laquelle recognoist
pour ses nourrices la clemence & la
charité, qui sont deux autres Deesses filles du mesme Dieu, suiuant
le conseil desquelles au consistoi-
re de Vostre prudence, de vostre
force, de vostre iustice, & de vostre temperance, vous feront faire
cest Arrest diuin, auquel vostre
Majesté a ja tesmoigné en public
qu'elle s'est ja disposee d'entrer en
la conference telle que Dieu vous
la ja inspiree, estre digne entre vn
si grand Roy, si bon si pieux, si iuste & si doux & clement que vous
Sire, & la Royne vostre tres-augu-
ste & tres-chaste Mere, comblee
de toutes les benedictions dignes

de ſa Majeſté , de laquelle Dieu
s'eſt voulu ſeruir pour nous deſcē-
dre de ſon Paradis, vn ſi auguſte, ſi
ſerain, ſi Chreſtien, & ſi inuinſible
Roy que vous, à qui il diſpoſe toutes les gloires & les honneurs du
monde dignes d'vn ſi incompara-
ble Roy, dont il fera reſplendir la
teſte de voſtre Majeſté qu'il com-
blera de plus parfaictes felicitez,
ſpirituelles & temporelles, main-
tenant de la façó ſa chere & bien-
aymee fille la paix en voſtre Royaume, comme le plus precieux de
ſes threſors, que la guerre ne vous
en ſçauroit apporter par ſes miſeres & calamitez ; ainſi que ſon S.
Eſprit à deſia tellement fait iuger
à voſtre Majeſté qu'elle eſt ja rou-
te diſpoſee ſelon ſon bon Genie,
de retenir le glaiue de ſa iuſtice

en l'air pour marque de ſouuéraine
puiſſance & authorité pluſtoſt, que
pour trancher & enſanglanter ce
que ſa clemáce & ſa charité requiert
de conſeruer ſelon les loix de Dieu,
qui vous benira en ceſte procedure
Royale, cóme tous les bós cœurs de
la France, & le mien moindre par-
ticulier l'en ſupplient, & ſuppliront;
chargeans le Ciel de nos bons vœux
& prieres pour la proſperité, ſanté,
bonne, longue & heureuſe vie, bien-
heuré ſuccez de vos bós, pieux, iu-
ſtes, temperez, clemens, & charita-
bles ſouhaits Royaux, & multipli-
cation des gloires de voſtre Maieſté
qui ne dependent aucunement de la
barbarie de la ſerpentine Bellone,
d'autant plus abominable, deteſta-
ble & euitable dans les inteſtins &
entrailles de ce Royaume, que ſoubs
pretexte de ſes faux appas y pourroit
former vne telle diſſenterie, que bié

C

que le cœur du corps demeuraſt ſain
& entier par ſes puiſſaçes victorieu-
ſes indubitables, neantmoings ne
ſe trouueroit content par les deſ-
plaiſirs que ſon bon naturel incom-
parable, & plus diuin qu'humain
receuroit par la conſideration de
tant d'offenſes de Dieu, que telle
guerre ciuile & inteſtine auroit cau-
ſe & commis & de tant d'ames per-
dues, des occis en vn mauuais e-
ſtat, que la diſſolution de la guerre
fomente & entretient, & de tant de
miſeres, calamitez, & perte de biens
des pauures ſubiects, qui par deuoir
prientrous Dieu pour la coûerſion
des meſchans, & pour la manutention de la paix à la gloire de Dieu,
de voſtre Majeſte, & a l'honneur ſa-
lut & contentemér de tous les bons
François, à qui tout bon heur arri-
ur, comme Dieu nous le promet de-

sia par les Royales actios publiques
de vostre Maiesté que Dieu benisse
eternellement.

Par son tres-humble, tres-obeyssant,
& tres-Zelé fidel subiect &
seruiteur.

IACQVES LE FEVRE, sieur de la Griffaudrie
Aduocat en son Parlement de Paris.

www.ingramcontent.com/pod-product-compliance
Ingram Content Group UK Ltd.
Pitfield, Milton Keynes, MK11 3LW, UK
UKHW022346170726
13837UKWH00005BA/2458